PROCÈS-VERBAL

DE LA FÊTE CÉLÉBRÉE DANS LA COMMUNE

DE LONS-LE-SAUNIER,

DÉPARTEMENT DU JURA,

Le 5 germinal, l'an trois de la République française, une et indivisible.

Au sujet de la Loi du 28 Ventôse, qui rapporte celles des 19, 27 Juillet, et 9 Août 1793, contre les Administrateurs, les Membres du Comité de Salut public, et les Chefs de la Force armée de ce Département,

ADRESSÉ A LA CONVENTION NATIONALE, ET A TOUS LES DÉPARTEMENS.

A LONS-LE-SAUNIER,

Chez C. A. DELHORME, Imprimeur.

Troisième année Républicaine.

PROCÈS-VERBAL

DE la Fête célébrée dans la Commune de Lons-le-Saunier, département du Jura, le 5 Germinal, an III, au sujet de la Loi du 28 Ventôse, qui rapporte celles des 19, 27 juillet et 9 août 1793, contre les Administrateurs, les Membres du Comité de Salut public, et les Chefs de la Force armée de ce Département, adressé à la Convention nationale, et à tous les Départemens.

————————————

TANDIS que de toute part la France, depuis le 9 thermidor, offroit à l'Europe étonnée, le spectacle le plus consolant de la justice, relevant son trône abattu par les mains de la tyrannie, et celui de l'humanité sortant des tombeaux; tandis que de toute part la main du Législateur vertueux s'efforçoit à tarir le cours des larmes qu'un régime aussi tyrannique que sanguinaire avoit fait couler; tandis que par un contraste heureux, l'équité succédoit

à l'arbitraire, et le véritable amour de la Patrie, à la soif dévorante du sang, le Jura, ce département dont le nom fait l'éloge et la gloire, le Jura gémis-soit encore sous le poids de trois décrets flétrissans, qui pouvoient inspirer des doutes sur la réalité de son civisme.

O Patrie ! tendrement chérie des Jurassiens, as-tu pu, un seul instant, douter de l'affection et de l'attachement de tes plus fidels enfans ; non, non, et ton empressement à proclamer le grand acte de justice qui rétablit le Jura dans tous ses droits, et lui rend la splendeur de sa réputation, fait assez connoître que tu le crus toujours digne de ta confiance et de ton amour.

Ce jour tant désiré paroît enfin sous les auspices les plus flatteurs ; la Convention nationale proclame à toute la France, par un décret solemnel rendu le 28 ventôse dernier, que le Jura n'eut pas des Administrateurs perfides, mais des fermes soutiens de la liberté, et zélés défenseurs des droits du Peuple ;

Son décret est ainsi conçu :

L O I

Qui rapporte celles des 19 , 27 *juillet et* 9 *août* 1793 , *contre les Administrateurs du Département du Jura ,*

Du 28 Ventôse , an III de la République une et indivisible.

LA Convention nationale après avoir entendu le rapport de son Comité de Législation , décrète ce qui suit :

ARTICLE PREMIER.

Les Décrets rendus les 19 , 27 juillet et 9 août 1793 , contre les Administrateurs du département du Jura, contre les Citoyens composans le Comité de Salut public et les Chefs de la Force armée , sont rapportés.

I I.

Tous mandats d'arrêt, arrêtés, actes et procédures décernés et dirigés contre lesdits citoyens nominativement, ou collectivement demeurent annullés.

I I I.

Ceux d'entre les Citoyens qui se sont soustraits , par la fuite , à l'effet desdits décrets ou arrêtés , sont autorisés à rentrer dans leurs foyers.

I V.

Tous les Citoyens désignés aux articles précédens

A 3

(6)

sont réintégrés dans leurs droits politiques, et dans
leurs biens; en conséquence tous scellés et séquestre
seront levés sur leur réquisition en vertu du présent
décret.

V.

L'Administration départementale , ainsi que le
Tribunal criminel seront rétablis à Lons-le-Saunier.

V I.

Le Comité de Législation présentera, sous trois
jours, un projet de loi pour étendre les dispositions
du présent décret, à tous les Citoyens qui par
suite ou à l'occasion des événemens du 31 mai ,
ont été mis hors de la loi ou poursuivis.

V I I.

Le présent décret sera imprimé au bulletin de
correspondance.

Visé, etc. *Signé*, etc.

On ne peut que foiblement exprimer la joie qui
a été généralement ressentie , et dont la manifes-
tation a été si éclatante , lors de la nouvelle de
cette loi, aussi juste que bienfaisante; un mouvement spontané a fait retentir la voûte des Cieux
des cris de vive la République, vive la Convention
nationale ; un projet de fête, pour célébrer cette
mémorable journée, est accueilli avec enthousiasme,
et le 5 germinal est le jour fixé pour cette céré-

monie joyeuse ; la fête doit recevoir plus d'éclat par la présence du Représentant du Peuple BAILLY, dont l'énergie rivalise les vertus, et qui, pour le triomphe de la justice et de l'humanité, a été envoyé dans nos murs.

A peine une brillante aurore vient elle dissiper les crépuscules de la nuit, que le bruit des caisses et d'une musique guerrière, invite les Citoyens à quitter les bras du sommeil ; le char du soleil vient dans tout son éclat se présenter pour modèle à celui que nous élevons à la Liberté ; chaque citoyen, en sortant de son domicile, le cœur rempli d'une douce ivresse, rencontre, non un dénonciateur, une vipère avide de son sang et de sa fortune, mais un frère, un ami, et ils se communiquent mutuellement leur joie.

Un essaim de jeunes Républicains et de jeunes filles, dont l'habillement indique la candeur, se présente pour l'embellissement de la fête, leurs bannières portent cette inscription : *Guerre aux royalistes et aux terroristes :* et sur celle des filles, on y voit un cœur couronné de Lauriers, avec ces mots : *Récompense de la bravoure.*

Les respectables vieillards, comptant ce jour dans le nombre de leurs jouissances, et oubliant tout ce qui a blessé leur tendresse paternelle, se mettent à la tête de la cérémonie, pour diriger, par leur marche, le cortège, comme ils le dirigent par leurs vertus ;

ils portent aussi une bannière, avec ces mots : *Le Jura ne veut d'autres chaînes que celles de l'union.*

Toute la Garde nationale sous les armes, avec une attitude fière, majestueuse et imposante, sans rien perdre de sa gaieté, offre le spectacle des guerriers entrant en triomphe dans une ville qu'ils ont conquis.

Un char magnifiquement paré et garni de guirlandes tricolores, portant les emblêmes de la Liberté, de la Justice, de l'Agriculture et des Armes, est traîné, dans le centre, par douze coursiers; différentes inscriptions sont gravées sur des bannières, telles que : *Règne de la justice, attachement inviolable à la Convention, vive le 9 Thermidor.*

Un héraut d'armes suit à cheval, et proclame, dans tous les quartiers de la Commune, le décret de la Convention qui restitue au Jura, le plus cher de ses biens, son honneur et sa réputation.

Viennent ensuite les Autorités constituées, à leur tête marchent les Représentans du Peuple BAILLY et FERROUX, environnés de toutes les victimes de la tyrannie, et frappée par elle de décrets honorables de mis hors de la loi; jamais représentans n'eurent un cortège si digne d'émouvoir leur sensibilité; sortant des sombres cavernes où les avait relégué l'anarchie un instant triomphante, ces vertueux citoyens n'avoient rien perdu du mâle courage, et de l'ardeur civique qui distingue le fier habitant du Jura.

Une foule de Citoyens des deux sexes s'empresse de suivre le cortège et d'y mêler ses accens d'allégresse ;

Enfin, un tombeau termine la marche, portant de vils signes représentatifs de la royauté, du terrorisme, de l'anarchie, et de tous les crimes jacobites.

Ce n'est plus ce Jura courbant forcément sous le poids de l'infortune ; il se montre tel qu'il est, tel qu'il fut, l'effroi des tyrans et le protecteur de la Liberté.

Arrivé au pied de l'arbre sacré, le cortège se range et écoute en silence ce que le premier magistrat de la Commune lui annonce ; le Maire s'exprime ainsi :

CITOYENS,

LA fête que nous célébrons aujourd'hui est une des plus brillantes époques de notre révolution ; elle doit tenir un rang distingué dans l'histoire du Jura. C'est le triomphe de la vertu sur le crime, de la vérité sur l'imposture.

JURASSIENS !........ On ne vous dira plus que la justice est un vain nom, puisqu'en ce jour elle comble vos désirs...........

ADMINISTRATEURS fidels, reprenez des fonctions que vous avez honorées ; jouissez de toute l'estime, de toute la confiance de vos concitoyens ; soyez toujours la sentinelle de la liberté et les défenseurs des droits du peuple.

A 5

ET VOUS, CHEFS de la force armée qui ne déviâtes jamais du chemin de l'honneur, la loi bienfaisante que nous promulguons aujourd'hui est la plus douce récompense qui puisse affecter des ames généreuses ; c'est pour vous tous véritablement une couronne civique.

Il est bien flatteur pour vous de la recevoir des mains d'un vertueux Représentant du peuple, (1) qui fait de cette fête un des plus doux instans de sa vie. Ce n'est point un proconsul armé de la foudre et du tonnerre envoyé dans nos murs par une faction tyrannique pour égorger sur l'autel et au nom de la liberté ses plus intrépides défenseurs ; au contraire, c'est un ange consolateur accompagné de la vertu (2) embellie par les grâces qui vient consommer notre bonheur. C'est un génie tutélaire qui vient fermer nos plaies, cicatriser nos blessures, et nous faire oublier des malheurs dont s'énorgueilliront un jour nos derniers neveux.

(3) Vous, son digne collègue ! vous, apôtre et martyr de la liberté ! vous, notre compatriote ! vous, qui connoissez mieux nos habitudes et nos disposi-tions politiques, étions-nous des conspirateurs?... étions-nous des contre-révolutionnaires ?.......... nous, des rebelles !..... vrai mandataire du peuple, parlez ?....... accusez-nous ?...... est-il dans la France un peuple plus enthousiaste de sa liberté

----

(1) Le Citoyen BAILLY.

(2) La Citoyenne BAILLY.

(3) Le Citoyen FERROUX, un des 73 Députés rappellés au sein de la Convention nationale, présent à la Fête.

que les JURASSIENS ? est-il un peuple qui ait offert
plus de sacrifices à cette divinité ? est-il en France
un peuple plus jaloux de conserver son indépen-
dance ?......

Eh quoi ! nos mains sont encore flétries par les
impressions des fers que nous avons brisés , et l'on
auroit pu nous soupçonner un instant d'avoir voulu
les reprendre ....! Non ! les JURASSIENS
seront libres , et la liberté fût-elle bannie du sol
de la France , elle est assurée de trouver un asile
dans les antres de nos rochers.

Et vous, mânes chéries de nos amis, de nos
parens, qui êtes tombés sous le fer assassin des
ennemis de la Patrie, consolez - vous ! vous êtes
signalées à la postérité. Votre exemple, vos vertus,
vos malheurs , ne seront point perdus pour les
générations futures , et votre mémoire durera autant
que la République Française !

Vous, tous mes Concitoyens, qui avez été proscrits et persécutés pour prix de votre attachement à la
chose publique, abandonnez-vous à toute l'expansion
de la joie , votre nom n'est plus un opprobre. Peu
touchés des dangers que vous avez courus, vous
n'avez tremblé que sur ceux de la Patrie ; grands
dans vos tribulations , grands dans vos revers ,
vous n'avez été affectés que de ses maux, vous avez
combattus avec courage, soyez généreux après la
victoire. Laissez l'exécration publique s'étendre sur
tous les vils suppôts de la tyrannie ; qu'ils soient
couverts de honte et de mépris ; abandonnez - les
à leurs remords, et vous serez assez vengés.

A 6

Ce discours est suivi d'un air de musique et de cris de *vive la République ! vive la Convention !* des couplets de chansons patriotiques sont répétés, et la marche continue.

Ses pas se dirigent vers le temple de la raison : c'est-là que le Représentant BAILLY , fixant ses regards sur tout un peuple animé du sentiment de la joie, lui parle en ces termes :

BRAVES ET BONS HABITANS DU JURA,

GUERRE au terrorisme, guerre à l'anarchie, mort au crime, mort à la tyrannie, sous quelque forme qu'elle se montre ! Gloire au courage héroïque; honneur, respect aux victimes du crime ; victoire et paix à la vertu !

Tels sont les cris de joie qui doivent retentir de toutes parts dans une fête consacrée à rappeller en même temps le triomphe des opprimés , la honte et le désespoir des oppresseurs. Ils vous ont appris, braves habitans du Jura , ils vous ont appris ces oppresseurs, ce qu'il en coûte pour résister à la toute puissance du crime.

Vos fidèles magistrats, vos gardes nationaux, proscrits par la tyrannie, obligés, avec les meilleurs patriotes du Jura, de s'arracher à leurs foyers, de fuir le glaive sanglant suspendu sur leurs têtes, obligés de vivre loin de leurs amis, loin d'une famille infortunée, au milieu des déserts, ou dans une terre étrangère ; votre résistance à l'oppression, présentée aux yeux de la France comme une rébellion, comme un attentat contre l'autorité de la

Convention nationale que vous vouliez défendre,
contre la souveraineté du Peuple que vous vouliez
préserver du régime affreux de Robespierre ; enfin
les vexations, les persécutions de tout genre, tel
a été le fruit de votre sage et énergique patriotisme.
Vingt-quatre mille hommes rassemblés en un instant
à Lons-le-Saunier, et l'exemple d'une insurrection
nécessaire donnée à tous les départemens opprimés,
avoient fait concevoir aux factieux une trop haute
opinion de votre courage, pour qu'ils pussent vous
pardonner votre sublime dévouement à la cause de
la Liberté ; vous fûtes trop vertueux pour n'être
pas persécutés.

Ah ! il n'en eût point été ainsi, braves Citoyens
du Jura, et le 31 *Mai* auroit été le 9 *Thermidor* de
la France, si le courage qui vous animoit fût devenu
celui de toute la République ; mais le règne affreux
du décemvirat étoit marqué dans nos destinées, pour
nous punir d'avoir pu nous confier à des scélérats ;
il nous falloit passer par l'intervalle sanglant de dix-
huit mois de tyrannie, avant d'arriver au terme
heureux de notre délivrance, et la justice muette,
et comprimée ne devoit sortir que du sein des
bastilles et du milieu des échafauds.

Elle a pris enfin son essor, cette vertu trop long-
temps captive ; elle a osé faire entendre sa voix,
la France entière éprouve aujourd'hui ses bienfaits,
et vous, en particulier, Citoyens du Jura ; les décrets
de proscription qui pesoient sur votre département,
sont annullés, les Citoyens mis hors la loi sont
rendus à leur Patrie, l'Administration départementale et le Tribunal criminel vont être rétablis dans
leur siège primitif.

A 7

Vous voyez ici, autour de moi, un grand nombre des victimes qui ont gémi sous l'oppression. Je sens, aux émotions de mon cœur, quels doivent être vos transports à la vue de cette troupe honorable des martyrs de la Justice et de la Liberté. Ils ont été choisis par vous ; ils ont eu vos premiers suffrages ; s'ils n'ont point démerité votre confiance, si, au contraire, à leur probité, à leur patriotisme reconnu, ils ont ajouté l'intérêt et le mérite si touchant de l'infortune, vous les reverrez ces dignes magistrats au poste d'honneur où vous les aviez appellés, et d'où la tyrannie les avoit chassés ; ils y travailleront encore, ils veilleront au bonheur et à la sûreté de leurs Concitoyens, avec d'autant plus de zèle et d'activité, que c'est-là le plus sûr moyen de se venger de leurs lâches persécuteurs, en leur offrant, dans le tableau d'une conduite pure et irréprochable, le plus sanglant reproche de leur injustice.

Continuez donc intrépides défenseurs de la liberté, continuez de marcher sur la ligne que vous vous êtes si glorieusement tracé ; c'est la ligne de l'honneur et du vrai patriotisme ; soyez fideles au serment que vous déposâtes hier en ma présence sur l'autel de la patrie ; tenez-vous étroitement unis, serrez-vous autour de la Convention Nationale ; vous avez justement acquis le droit de composer sa garde d'honneur, puisque les premiers, vous avez voulu marcher pour la sauver de l'oppression.

Oubliez en ce jour, Citoyens, tous vos malheurs passés ; ou si malgré vous, ils viennent encore se retracer à votre mémoire, que ce ne soit point pour les reprocher à vos ennemis ; leur idée ne doit point souiller cette solemnité ; mais que ce

soit pour rendre plus touchante et plus douce , par
le rapprochement de l'infortune passée, la jouissance
du bonheur présent. Composez-le , Citoyens , ce
bonheur de sentimens tendres et affectueux ; que
l'humanité , la vertu , la reconnoissance en soient
les sources pures et sacrés. Associez à cette fête
tous les malheureux qui ont gémi sous la verge des
tyrans ; appellez sur-tout , appellez-y les ombres
généreuses de vos fidelos magistrats , de vos braves
défenseurs tombés sous le glaive de la persécution.
Ah ! s'ils sont encore sensibles dans la tombe , ils
s'applaudiront ces mânes vertueux d'avoir péri pour
une cause qui fait aujourd'hui votre gloire , et qui
vous destines les pages les plus honorables dans
l'histoire de la révolution.

Pour moi , Citoyens , je compterai ce jour parmi
les plus beaux jours de ma mission ; le grand intérêt
qui vous anime est passé tout entier dans mon ame ;
l'allégresse du Jura doit être aujourd'hui l'allégresse
de tous les vrais patriotes. Hélas ! pour le malheur
de la France , l'attrait du crime a réuni trop long-
tems les scélérats ; que le charme puissant de la
vertu , de la justice et de la vraie liberté réunisse
désormais tous les gens de bien , et leur masse
indissoluble écrasera bientôt les restes impurs du
terrorisme et du brigandage : ou, si , contre mon
attente , le crime devoit encore tyranniser la vertu,
si la liberté forcée encore dans son sanctuaire par
une troupe de brigands et d'assasins devoit fuir loin
des bords de la Seine, braves citoyens n'en doutez pas,
elle viendroit se réfugier au milieu de vous ; oui, je le
jure ici au nom de tous les Représentans fideles du
peuple, si jamais la horde des scélérats, pouvoit encore

enchaîner notre énergie et nous dévouer à la proscription , à la mort . . . . . , vous nous verriez tous
accourir ici , braves habitans du Jura , votre courage et vos montagnes nous serviroient de remparts ,
et avec vous nous triompherions , ou nous nous
ensevelirions ensemble sous les ruines de la liberté.
Mais non , rassurez-vous , Citoyens , le règne des
méchans est fini , celui de la liberté sera impérissable comme la vertu , et vos dignes Représentans ,
forts de l'union de tous les bons Citoyens , forts des
persécutions qu'ils ont éprouvées , forts de l'harmonie
universelle de tous les départemens , acheveront
bientôt de consolider l'édifice du bonheur public ,
sur les bases indestructibles de la justice , de
l'humanité et de la bienfaisance nationale.

Ce discours, modèle de l'éloquence et de l'énergie est souvent interrompu par les applaudissemens
les plus vifs et les plus universels. Chaque citoyen,
dans une douce émotion , écoute dans le plus
profond silence ; et s'il échappe quelques mots,
c'est la force du sentiment exprimé qui arrache
celui de *bravo* ; mais il se propage bientôt par
l'annonce que fait le Représentant, qu'il va au
nom de la Convention, donner le baiser de paix
et de fraternité à tous les proscrits qui l'environ-
nent ; cette cérémonie est accompagnée d'une
musique guerrière , et des cris que l'on ne pouvait
trop répéter, *vive la République ! vive la Convention
nationale !*

Après un pareil langage qui ne paroissait rien laisser à désirer, un Citoyen recommandable, si digne de notre estime, plus digne encore de notre amour par les malheurs réunis sur sa tête en aussi grand nombre que ses vertus ; Ebrard enfin, le nommer, c'est assez faire son éloge, paraît sur la scène, et dans un discours pathétique, il déploie tout ce que le sentiment peut inspirer de plus vif et de plus sensible; il force les larmes à reprendre leur cours, mais... qu'il est doux d'en verser ainsi..., puisque ce sont des larmes de tendresse !

DISCOURS du Citoyen EBRARD, ci - devant Procureur - général - Syndic du Département du Jura, et mis hors de la loi par la tyrannie.

CITOYENS,

QUEL nouvel horizon de bonheur se lève et paroît s'aggrandir autour de nous ! que d'objets à la fois frappent nos esprits, et produisent en nous un mélange de sentimens, de jouissances inexprimables ! un génie bienfaisant nous a transporté tout-à-coup du fond des ces cavernes ténébreuses où la proscription nous avait relégués, dans le centre de nos affections les plus chères ! Enfans, épouses, mères...... frères, amis ......, des lois, une patrie ! nous avions tout perdu ; nous avons tout retrouvé ! la tyrannie nous les ravit ; un décret consolateur nous les rend sous le règne de la justice :

A 9

et ce qui nous est plus cher encore , il restitue au Jura sa splendeur et sa gloire !

O mon pays ! quel changement heureux éprouves-tu dans ce jour ? Honneur aux mains courageuses qui l'ont opéré. Honneur aux ames généreuses qui le préparèrent.

C'est vous , chers Concitoyens , a qui la gloire en est due : c'est du sein de cette commune qu'est partie l'impulsion donnée à tout le Département, accueillie par tous les Districts pour solliciter ce grand acte de justice. L'honneur de cette initiative vous appartenait sans doute. Plus qu'aucun autre , dans les tems d'oppression , vous aviez partagé nos principes , nos dangers , nos malheurs : à ces titres, vous avez voulu nous associer au bienfait d'une régénération salutaire. C'est au milieu de vous que nous venons en recueillir les fruits , en goûter les premières douceurs , anéantir dans les épanche-mens d'une joie vive et pure , le souvenir de notre infortune passée , resserrer enfin dans vos embrasse-mens les liens qui nous attachent à notre patrie , et que l'injustice de nos persécuteurs n'a pu rompre.

PATRIE ! O mère chérie qui fus toujours l'objet de notre amour et de nos vœux , lors même que tu nous rejettais de ton sein ! tu nous r'ouvres ce sein, dont une main barbare nous avait arrachés ! . . . . . . Tu nous reconnais pour tes enfans ! . . . . . Ah ! c'est là le prix le plus flateur que tu pouvais nous réserver : il nous est doux de l'obtenir ; mais il nous est glorieux de l'avoir mérité. Oui , nous en sommes dignes : le feu pur dont nous brûlâmes pour toi n'a rien perdu de son ardeur ; nos malheurs, loin de l'éteindre , lui ont donné une force nouvelle ; et nos ames accoutumées à diriger vers toi toutes leurs affections ne sauraient trouver de bonheur que dans ta prospérité. Heureux qui peut y concourir encore par l'emploi de ses facultés ! Animés tous d'un même esprit , nous te consacrons de nouveau notre existence toute entière : rien ne nous est plus cher que ta gloire , plus précieux que ta liberté pour laquelle nous avons tout souffert , pour laquelle nous sommes prêts à tout souffrir.

Ah ! si jamais nous pouvions craindre le retour de ces jours désastreux dont le souvenir est si pénible à nos cœurs : si jamais le crime osait reparaître sur cette terre infortunée qu'il a couverte de deuil après l'avoir inondée de sang ! O nos Concitoyens ! la leçon du passé ne sera pas perdue : une funeste expérience , en nous montrant le chemin de la gloire , nous a tracé de grands devoirs. Non , nous ne souffrirons plus le règne de la tyrannie et du crime. Ennemis de l'oppression , autant que jaloux de l'honneur du Jura, nous nous ressouviendrons qu'il eut la glorieuse initiative d'une résistance généreuse, que ce fut au sein de cette commune que s'organisa ce mouvement sublime qui eût sauvé la patrie s'il eut été secondé , et qu'un décret honorable fut la récompense de son dévouement. Enflammés du même zèle , animés d'une énergie fortifié par l'épreuve du malheur , aidés de l'appui de tous les bons citoyens, nous nous dévouerons encore à la défense d'une aussi belle cause ; et la liberté nous rendra grâces de son triomphe ; et le Jura n'aura cessé de bien mériter de la patrie.

Citoyen Représentant , vous que la Convention Nationale a députée dans le Jura pour y apporter la

paix et le bonheur, et proclamer le décret répara-
teur des maux qu'il a souffert ; digne organe de sa
bienfaisance, de sa justice, soyez près d'elle l'in-
terprête de nos sentimens, de nos vœux.

Vive la République, une et indivisible. Périssent
tous les ennemis de son bonheur et de sa gloire.

Vive la liberté, l'égalité, compagne de la vertu,
de la justice. Haine au despotisme, à l'anarchie,
à tous les crimes.

Vive la Convention Nationale digne à jamais de
notre confiance et de notre amour, de notre admi-
ration et de notre reconnaissance.

Gloire aux immortelles journées des 9 thermidor et
18 brumaire qui ont sauvé la liberté, en ramenant le
règne de la justice. Vengeance des attentats du 31
mai, qui ont organisé la tyrannie par la terreur.

Gloire aux journées mémorables des............ (1)
ou la rentrée des députés courageux qui avaient
résistés à l'oppression a rendu à la Représentation
Nationale son intégralité. Haine aux factions, aux
partis qui ne tendent qu'à la diviser, la dissoudre.

Gloire à la journée du 28 ventôse qui rétablit le
Jura dans le rang et les droits que lui avaient
assigné, dès le principe de la révolution, son
énergie, son enthousiasme pour la liberté.

Paix à la France, à l'Europe, à l'Univers.

____

(1) Les dates des journées où les 73 et les mis hors de
la loi ont été rappellés.

On pressent déjà les applaudissemens qui ont suivi ce discours, et la narration serait inférieure à l'idée que l'on en conçoit.

Un Administrateur du district de Dole, chargé de la mission honorable de venir fraterniser avec celui de Lons-le-Saunier, s'avance avec cet air de candeur et de vertu qui laisse augurer si avantageusement de ses sentimens ; il inspire un vif intérêt, et son langage cimente bientôt les heureuses présomptions que sa présence fait naître ; il parle ainsi :

DISCOURS du citoyen BOUVIER, président du District de Dôle.

CITOYENS,

L'ORAGE violent qui trop long-temps a promené la tempête sur le Jura, est enfin détourné : la Convention nationale, affranchie de la tyrannie des plus noirs conspirateurs, a révoqué les décrets de mort qu'ils lui avoient surpris contre des citoyens armés pour la délivrer de l'oppression.

En vous réintégrant dans vos droits, généreux défenseurs de la cause du Peuple, elle a fait éclater sa justice, votre courage et votre innocence : en relevant votre gloire, elle a travaillé à la sienne propre ; qui mérite mieux que vous d'être proclamés les héros de la Liberté !

Ses droits menacés ont excité votre zèle ; le devoir s'est fait entendre, et vous avez fait céder vos plus chers intérêts à celui de servir votre Patrie.

La reconnoissance perpétuera le souvenir des efforts que vous avez faits pour son triomphe, au milieu des plus grands dangers.

Nous venons, au nom de vos frères du District de Dôle, participer à la joie publique, et vous témoigner l'intérêt particulier qu'ils prennent à l'événement heureux qui excite votre allégresse : Il étoit impatiemment attendu par tous les bons Citoyens, par tous les vrais amis de la Liberté.

Jouissez de toute votre gloire ! que des souvenirs déchirans ne troublent point la fête que vous donne la vertu reconnoissante !

Recevez, par notre organe, l'assurance de l'inviolable attachement que vous ont voué vos frères du District de Dôle. Leurs sentimens à votre égard n'ont jamais variés, quelques efforts que l'intrigue et la malveillance aient faits pour les détacher de vos principes. Nous vous jurons, en leur nom, la plus cordiale fraternité; cimentons-en la durée par la réunion de tous les cœurs.

Formons la noble confédération des amis de la Liberté, contre les partisans de l'anarchie et de la licence, de la justice contre l'oppression, de la probité contre le brigandage, de l'humanité contre les buveurs de sang. Jurons, par l'amour de la Patrie, de poursuivre le crime : voilà le pacte fédératif que nous devons conclure et le seul qui convienne à des hommes libres et dignes de l'être.

Et pouvons-nous le faire sous des auspices plus heureux, qu'en présence et à la participation de deux Représentans que leurs vertus publiques et privées rendent également recommandables, dont l'un a partagé plus particulièrement vos malheurs, et a été, comme vous, l'apôtre et le martyr de la Liberté.

(23)

Cette expansion du sentiment est suivie d'un applaudissement universel et bien mérité ; l'impression du discours est vivement demandée en témoignage de la satisfaction qu'il a procuré.

Un proscrit, recommandable aussi par ses talens et son civisme, et que le fer des assassins cherchait à atteindre plus particulièrement, vient de même dans un discours plein de véhémence et de vérités, communiquer ses pensées à ses concitoyens, des droits desquels il fut, et fait serment d'être un ferme soutien.

DISCOURS du citoyen SAILLARD, l'un des anciens administrateurs, frappé des décrets de traduction à la barre *et de* mise hors de la loi.

CITOYENS,

ENFIN, elle est tombée, cette barrière (1) redoutable qui attristait encore nos regards. Le crime et l'imposture qui l'avaient élevée, sont confondus. Les citoyens qu'elle séparait de la patrie, sont enfin reconnus de leur mère... Il ne reste plus au méchant, de toutes ses conquêtes, que l'espoir d'échapper au châtiment qui le poursuit... Vain espoir ! Il ne saurait se cacher à lui-même, et ses bourreaux sont déjà dans son cœur... ! Honneur,

____

(1) Les décrets de proscription lancés sur le *Jura*, qui ont été anéantis par le décret du 28 ventôse dernier, d'une manière si glorieuse pour les citoyens qui en furent frappés,

probité, constance dans le malheur, dévouement à la patrie; vous êtes donc pour le républicain, quelque chose de plus réel que de consolantes chimères... Ah! si notre encens était assez pur pour vos autels, nous oserions jouir de notre triomphe, puisque nos frères daignent nous associer dans cette enceinte, aux douces récompenses de la vertu...! Mais, que parlé-je de triomphes et de récompenses? Aurais-je oublié qu'à nous seuls, il appartient de pleurer...? Ils ne sont plus, ceux de nos frères qui nous auraient fait sentir en ce jour tout le charme de l'existence... Ils ne sont plus, et nous respirons encore... Providence...! il faut donc se taire et t'adorer... Ah! sans doute, ils étaient les plus vertueux, et nous ne pourrions tout au plus, leur disputer que le prix de la haine qu'ils surent si bien mériter des tyrans.

Attentifs à surveiller au-dedans leurs complots liberticides, tandis que leurs fils généreux repoussaient au-dehors leurs efforts sacrilèges; il entrait assez naturellement dans la politique féroce de nos ennemis, d'immoler à la fois les enfans et les pères, et dans le désespoir de vaincre tant de héros, il leur restait l'affreuse ressource d'en éteindre la race dans le sang de leurs parens!

C'est ainsi qu'aux lignes de Weissembourg, le farouche *Saint-Just*, désespérant de détruire en un jour tous les bataillons du *Jura*, (2) s'en consolait

______

(2) Chacun sait aujourd'hui qu'à la sanglante journée de la reprise des lignes, le tigre *St.-Just* excitait l'audace des bataillons du *Jura* par de perfides éloges, pour les conduire de préférence à une boucherie pour lors inévitable... Chacun

en voyant, de la pensée, que les pères, les frères
de cette brave jeunesse, seraient égorgés dans
leurs foyers, par ses bourreaux subalternes.

Tel fut le sort de nos malheureux frères....
Ils ont payé pour tous, en confessant de leur
sang, l'évangile de l'honneur et de la liberté !
Citoyens qui m'entendez, citoyens qu'ils ont voulu
sauver de l'esclavage ; c'est à vous qu'il convient
de répandre des fleurs sur leur tombeau ; laissez-
nous le triste soin de l'arroser perpétuellement
de nos larmes.

Hélas ! trop étrangers à la politique des rois, ils
ne connurent que la science du bien. Aussi simples
que leurs vertus, ils osaient croire que travailler pour
la patrie, c'était mériter d'elle.... Placés depuis
1789 aux avant-postes de la révolution, alors la plus
glorieuse, ils eurent la bonhomie de penser qu'elle
pourrait s'achever sans crime, et jugeant par leur
loyauté, de celle de tous les combattans, ils se
jettèrent à corps perdu dans l'arène, sans se défier
des mauvais rencontres des assassins et des poi-
gnards... Ils étaient devenus presqu'étrangers à
leurs maisons : ils semblaient oublier leurs affections les plus chères, pour ne s'occuper que des
intérêts de la grande famille. Dans leurs sollicitudes
paternelles, ils comptaient tous les enfans de la
république ; ils auraient voulu répandre sur eux la
même mesure de bonheur que leur présence appor-
tait au sein de leurs ménages, au milieu de leurs
amis.

---

sait qu'à cette époque, le massacre du *Jura* était arrêté et
organisé entre les décemvirs , les assassins titrés du peuple
et leurs féroces valets dans les départemens.

Ils avaient pour principe qu'un peuple qu'on *démoralise*, est comme un corps dont on épuise le sang. Il ressemble bientôt au cadavre infect que la circulation n'anime plus, et les miasmes qu'il exhale, portent au loin la corruption et la mort !

Ils avaient pensé que des magistrats perfides, qui affichaient la suprématie municipale, insultaient à l'égalité.

Qu'une société assez audacieuse, pour rivaliser de pouvoirs avec la Convention nationale, était en révolte contre la souveraineté du peuple, et devait être traitée en ennemie.

Qu'un chef de force armée, qui ose tirer le sabre contre le souverain, est un scélérat digne de mort.

Que la liberté du premier corps délibérant ne pouvait exister sous la pointe des baïonnettes.

Que la Convention décimée par une faction dominante, avait perdu son unité, sa splendeur et sa gloire ... Qu'alors le peuple outragé dans ses Représentans, devait les investir de sa force, comme de sa souveraineté, et aviser par tous les moyens à sauver ce *palladium* de sa liberté.

Enfin, ils eurent le courage de le dire, (et dans les accens de sa douleur, le *Jura* le répéta après eux), que les trop fameuses journées des 31 Mai, 1, 2 Juin, avaient été pour la République des jours de contre-révolution, de deuil et de désespoir...! Ah! plût à dieu que notre tendre sollicitude pour la Patrie, ne nous eût suggéré que de vaines allarmes, ou que la France entière les eût alors partagées avec nous ! Mais revenons aux principes de nos vertueux frères.

Ils n'avaient pas calculé si une nation composée de philosophes, pourrait exister en société sur la terre ; mais ils savaient que le peuple ne sera jamais philosophe, et que par-tout le peuple constitue la nation. Ils savaient que la religion est un sentiment que l'on ne saurait remplacer par des lois ; que s'il était possible de l'assujettir aux spéculations humaines, la plus désastreuse de toutes les politiques, est celle qui parviendrait à étouffer ce sentiment dans le cœur des hommes ; parce que s'il n'était plus de religion, il n'existerait plus de culte religieux sur la terre ; et il est malheureusement trop démontré, que les gouvernemens ne peuvent subsister, sans ce premier lien de toutes sociétés humaines.

Oh ! hommes, que le hasard des circonstances a chargé du dangereux emploi de gouverner les hommes ; tâchez d'être moins subtils, si vous voulez être plus conséquens et plus sages ! Contemplez le tableau de l'univers, et venez à la leçon des bêtes. Toutes n'ont pas reçu du créateur le même instinct de bienfaisance, mais aucune n'est inutile ou déplacée dans l'ordre de la création. Que nous importent, après tout, des philosophes et des prêtres...? Le *Rossignol*, par ses chants mélodieux, est destiné à égayer la nature ; mais il ne parle qu'aux sens dans les beaux jours de la vie : si la *Taupe* chagrine et solitaire, en fossoyant la prairie, nous offre de tristes tableaux, c'est qu'ils sont vrais et parlans pour tous les âges. L'un se plaît sur les fleurs, et l'autre les fane et les détruit ; mais le soleil, qui à chaque instant en fait éclore, ne peut être éteint ni par les philosophes, ni par les prêtres... ni par vous, Législateurs du monde ! car, ne vous y trompez pas, il est un autre soleil en morale, qui anime, embellit et console la nature... C'est ma providence, c'est mon Dieu. L'hommage que nous sommes forcés de lui rendre, est un instinct de la raison : c'est la religion de l'honnête homme ; car en nais-sant, il la trouve écrite dans son cœur. Dès-lors, il peut être heureux, même au sein des adversités de la vie... Eh ! qui de vous ne l'a pas éprouvé, Citoyens, qui avez partagé nos malheurs ? S'il eût été possible que cette religion du sentiment n'existât pas, la reconnaissance l'eût inventée, depuis la chûte de nos derniers tyrans.

Telle fut aussi la morale paisible et consolante des amis que nous regrettons. C'est en appliquant ces grands principes aux actes privés du citoyen, aux fonctions de l'homme public, que nous les avons vus (car nous avions la gloire de marcher ensemble), que nous les avons vus prédire, et conjurer par leur zèle, les grands orages de la révolution. Les uns, par leurs discours, leurs écrits, leurs travaux, étaient sans cesse occupés à prémunir le peuple contre les suggestions perfides des ennemis de ses lois, contre les détracteurs, les empoisonneurs de sa morale, les usurpateurs de sa souveraineté, les violateurs de ses droits les plus sacrés....

Les autres, revêtus dès l'aurore des armes protec-trices de la paix, passaient les jours et les nuits à surveiller l'ordre public et le repos même de leurs faux frères....! Ah ! s'il n'eût fallu que combattre des ennemis, donner la chasse aux brigands, et soumettre des lâches...; mais il fallait ramener des citoyens égarés, ménager la tranquillité des autres, épargner le sang des hommes, et détourner, pour les méchans, l'occasion ou le prétexte du crime . . . . .

Aussi, toujours supérieurs aux offenses qui leur étaient personnelles, nos amis ne gémissaient que sur les outrages faits à la loi : ils sacrifiaient tout à la Patrie, parce qu'ils s'étaient oubliés pour elle : en un mot, il fallait la sauver . . . . Hélas! les temps n'étaient pas venus . . . vos tristes destinées n'étaient pas accomplies, ames grandes et généreuses! Les assassins de cette Patrie, que vous aviez signalés avec tant de courage, ne pouvaient éviter l'échafaud ; mais avant d'y monter, ils y égorgeront par millier les plus illustres, les plus honorables victimes . . . .

O France ! ô mon pays ! touches-tu donc à ta dernière heure ! L'ange exterminateur s'avance, il plâne sur ton horizon ; l'escorte de tous les crimes le précède ; tous les fléaux marchent à sa suite . . . Il déroule sur son passage les voiles ensanglantés de la mort . . . !

Tes édifices vont s'écrouler, tes temples vont être détruits, tes autels réduits en poudre . . . . Les monumens des siècles, les chefs-d'œuvres des arts et du génie, seront mutilés et livrés aux flammes !

Tes palais dorés, convertis en noirs cachots, régorgeront de victimes qu'ils dévorent . . .

Le sanctuaire de tes lois sera par-tout changé en caverne de voleurs . . . des hommes de sang y siégeront à la place de leurs juges : ils y condamneront la vertu, d'après les lois du crime . . .

Tes places de triomphe seront inondées de sang, et fumantes de carnage . . .

Tes soldats couverts des lauriers de mille victoires, seront contraints de se donner la mort ou de se massacrer les uns les autres pour obéir aux ordres des tyrans déjà teints du sang de leurs pères....!

Des cargaisons de victimes humaines seront livrées vivantes, ou mutilées aux monstres de la mer...

Les fleuves épouvantés se soulèveront sous le poids des cadavres, et leurs flots souillés, vomiront au dehors les débris de l'espèce humaine...

La nature sera poursuivie, outragée jusques dans les entrailles des mères, jusques dans les bras de la mort, jusques dans la poussière des tombeaux...

La mort et le repos n'habiteront plus ensemble... le dernier asile de nos pères sera violé... des tigres jusqu'alors inconnus, exerceront leur fureur sur leurs ossemens desséchés, et leurs malheureux descendans seront privés de sépulture...

Une mère, une épouse, si elle a le malheur de survivre à ce qui lui fut cher, n'aura pas la triste satisfaction de recueillir les restes de sa tendresse, et de pleurer sur un tombeau...!

Et comme si la mesure du crime n'était pas épuisée, ou que l'enfer en pût produire de nouveaux... à la place des anciens autels, où le Dieu de nos pères fut adoré; d'autres autels seront dressés aux dieux du meurtre, de la débauche et du brigandage, et ces divinités de sang et de boue : ô honte ! ô désespoir ! c'est en France qu'elles trouveront des adorateurs et des prêtres...!

Dieu des Français! Dieu de la liberté! ah! s'il était vrai que tu fusses cet être fantastique et cruel que des druïdes menteurs nous peignaient à leur image ; je te dirais, en est-ce assez de ce déluge de maux, de cet abîme de misères, pour appaiser ton courroux et satisfaire à ta vengeance ?

Mais c'est l'amour qui compose ton essence : tu abhorres le sang des hommes, et si tu les abandonnes quelquefois à leurs propres fureurs, c'est pour les ramener à toi par le chemin du repentir, par le sentiment profond de leur insuffisance et de leur misère ... Tu souffriras donc un dernier sacrifice... Ah ! du moins, il sera digne de la Patrie, digne de toi-même ... Ce sont les victimes du Jura qui s'avancent ... le dévouement les conduit, leurs bonnes actions les accompagnent, la sérénité de leur ame est peinte sur leurs fronts, et comme s'ils participaient déjà à la prescience de l'immortalité, ils annoncent aux tyrans que leur règne va finir ... (3)

Détournerons-nous les regards ? Non, puisque nous n'avons pu sauver nos frères, nous les suivrons au moins de la pensée jusques sur le théâtre de leur gloire : leur dernier vœu sera pour la Patrie : allons apprendre à bien vivre, en voyant l'homme juste mourir ! Accourez, cannibales, le sang de nos frères(4) va couler, venez - en boire ...! Vous, dictateurs, juges - bourreaux, prenez vos places, demain vous aurez besoin de la leçon de courage qu'ils vous donnent aujourd'hui .... Vous hésitez : quoi ! vous savez tuer, et vous ne savez pas mourir ...! qu'a

---

(3) *Vous ne tarderez pas à nous suivre*, dirent nos frères aux tirans et aux juges-bourreaux ; *mais vous ne sauriez mourir comme nous*. La prédiction s'est accomplie quelques jours apres.

(4) *Viviand, Vaillant, Mantry, Guyon, Sorlin, Guirand, Grand, Ruffey, Clermont, Gauthier, Machet,* et autres honorables victimes, égorgées le . . . . .

donc la mort de si terrible pour des *Républicains*, des *Brutus* tels que vous? Ah ! ah ! je comprends; le héros, dites-vous, marche au-devant d'elle ; le scélérat s'y fait traîner...! Eh bien ! misérables, qui survivez encore à vos maîtres, c'est ainsi que vous périrez tous... Vous épuisez en vain la science du crime, pour échapper au sort qui vous attend. Les vivans et les morts, tous les êtres vous accusent, vos forfaits sont écrits sur toutes les murailles ; vous sentez la mort comme le crime : avancez, reculez, chaque pas vous mène à l'échafaud, et vous allez tomber dans la boue, comme les idoles de plâtre sur lesquels vous vous étiez appuyés.

Hommes de bien, ne craignez plus leur retour; le règne des méchans n'est pas dans la nature; ils n'eurent de force que durant votre sommeil... Hélas ! pour soupçonner tant d'horreurs, il eut presque fallu être capable de crime, et vous péchâtes à force de vertu ! Mais le sentiment des maux que nous avons soufferts, transmis à nos neveux, d'âge en âge, sera pour eux une leçon permanente et toujours salutaire ; ils sauront que la Convention nationale, dépositaire de tous les pouvoirs du souverain, put gémir sous le poids des mêmes chaînes, dont nous fûmes accablés. Mais le temps est passé, où les tyrans nous repoussaient de son sein, alors qu'elle nous tendait les bras et que nous étions debout pour aller la couvrir de notre amour ! (5)

____

(5) Les habitans du Jura voulaient marcher pour faire respecter la Convention et la protéger contre ses oppresseurs.

Elle s'est éveillée, la Convention, de cette léthargie politique qui ressembla trop long-temps au sommeil de la mort ! Etonnée du prodige de sa délivrance, plus encore que des périls passés, ses premiers regards se sont portés en haut, en signe d'hommage; elle a chassé les voleurs (6) du sanctuaire, et présentant l'encensoir à tout le genre humain, elle a voulu que l'univers ne fît qu'un temple, où tous les hommes ne formeront désormais qu'une même famille d'adorateurs et de frères (7) ! Enfin elle a juré pour nous guerre à mort à tous les crimes, à toutes les tyrannies, et c'est sur leur tombeau du 9 thermidor, que fut assis pour jamais l'autel de la liberté ! C'est dans ce jour de crise et d'allarmes, que la Convention a conçu le bonheur du monde; elle l'a nourri dans son sein au milieu des orages; c'est dans le calme des passions qu'elle se prépare à déposer ce fruit précieux ! Français ! livrons-nous désormais, sans contrainte, à l'avenir fortuné qui semble nous tendre les bras ! Si jadis on vit la sagesse sortir toute armée du cerveau de Jupiter : bientôt la Convention va livrer à nos hommages la *liberté* modeste, pleine de grâces et parée des mains de la raison, comme elle descendit du ciel, pour faire le bonheur des hommes : et non pas cette *vierge* folle et déhontée de s'être trouvée toute nue dans les bras de la licence.

Tournons tous nos regards vers cette divinité triomphante ! jeunesse citoyenne, combien elle vous doit être chère ! elle nous a coûté jusqu'au

---

(6) Expulsion des *Marat*, des *Chalier*, du panthéon.

(7) Liberté des cultes, tolérance universelle.

sang de l'homme juste, et presque notre propre gloire...! Tendres enfans, l'espoir de la patrie, que les vertus républicaines croissent avec vous, pour consoler cette mère affligée, et lui faire oublier ses malheurs! Veuves désolées, séchez vos larmes : c'est *Porcia*, c'est *Cornélie* qui vous montrent le chemin de la vraie gloire : vous avez des enfans qui seront dignes de vous et de leurs pères... ah! votre sort est encore assez beau; vous portez le nom des amis de la patrie, des martyrs de l'honneur, des fondateurs de la liberté!

Mânes sacrés! mânes augustes de nos frères! c'est du séjour de la paix où vous reposez, que je crois vous entendre : « O! vous tous qui partageâtes nos
» sentimens, soyez toujours dignes de vos malheurs:
» veillez sans cesse au salut de cette patrie, à
» laquelle nous offrîmes et notre sang et nos
» vœux,... n'abandonnez pas la belle cause que
» nous eûmes la gloire de défendre ensemble...
» Soyez inexorables, quand vous commanderez
» au nom de la loi; mais renoncez à tous res-
» sentimens personnels : le pardon des offenses
» nous rapproche de la divinité... Laissez à celui
» qui vous a sauvés du sort que nous éprouvâmes,
» le soin de vous venger, de nous venger nous-
» mêmes ! »

Oui, nous le jurons, ames grandes et géné-reuses... jugez si nous aimons la patrie? nous le jurons sur l'autel de votre sacrifice, et sur les restes sanglans de nos frères égorgés. Représen-tant (8), nous le jurons par toi-même, et par les

---

(8) BAILLY, représentant du peuple, en mission dans le Jura.

précieux souvenirs que tu as laissés sur les rives malheureuses du Rhin... Nous le jurons par le retour du bonheur que ta présence nous assure, et dont les échos plaintifs du *Jura* vont enfin répéter les accens, en nous parlant de tes vertus...

Et toi, Représentant (9) que le Jura s'applaudit de compter parmi ses enfans, nous le jurons par ton courage et par tes malheurs; c'est assez parler de ta gloire ! Nous le jurons par ceux de nos vertueux frères de *Dôle*, qui, après avoir partagé nos malheurs, sont venus embellir notre triomphe. Nous immolerons à la paix le besoin des vengeances personnelles....; nous pardonnons....; oui, le sacrifice en est fait : nous pardonnons jusqu'à nos bourreaux...... qu'ils vivent pour le remords. S'il ne fut qu'un pas de la licence au crime, il n'est aussi qu'un pas du repentir à la vertu : qu'ils vivent pour elle... pour la patrie, et nous les appellerons encore du doux nom de *frères*.

Mais s'il est encore des chefs de parti, des tyrans, des voleurs, des corrupteurs de la morale publique... qu'ils tremblent, les misérables! La déclaration des droits à la main, nous jurons aussi de les poursuivre jusqu'au tombeau... Au ralliement du crime, nous opposerons toujours *le fédéralisme des vertus*... Le drapeau de l'honneur s'est relevé plus glorieux que jamais des décombres du brigandage, et la devise du Jura, sera toujours la même : GUERRE A L'ANARCHIE ! RESPECT AUX LOIS !

---

(9) FERROUX, représentant du peuple, membre de la députation du Jura, l'un des *soixante-treize*.

Et vous, femmes sensibles, les seules aimantes, les seules aimables, recevez nos hommages, précurseurs de ceux de la postérité. C'est en lisant votre histoire, qu'elle pardonnera à notre révolution. Ah ! si nous osions ici hasarder votre éloge... si j'osais en parler pour moi-même...; mais nous trahirions votre secret; nous flétririons votre couronne! disons seulement que pour être bien honorées, vous voulez que les hommes se taisent sur le récit de vos vertus...

Ne craignez pas d'être accolées dans nos annales avec ces viles bacchantes, ces furies déhontées, qui furent de leur sèxe l'étonnement, la honte et le problême... Que dis-je! elles ne furent ni de votre sèxe, ni du nôtre, et pour l'excuse de la nature, ces êtres monstrueux sont aussi rares dans leur espèce que les crimes qu'ils ont produits! *Le* sentiment nous répond de vous: vous n'avez rien à redouter du souffle empoisonné de la débauche et de la corruption. Vous commanderez toujours les mœurs et le respect: vous conserverez le feu sacré qui brûle sur l'autel de l'honneur; vous l'allumerez dans le cœur de nos enfans, et par vous la République sera impérissable, puisqu'elle doit être fondée sur toutes les vertus.

Vive la République indivisible! vive la Convention nationale!

Ce discours que l'énergie et l'éloquence caractérisent est souvent interrompu par des applaudissemens ; il est suivi d'un hymne patriotique chantée par les jeunes vestales, et cette partie intéressante de la cérémonie se termine par des cris d'allégresse, des airs guerriers et les accens d'un peuple libre qui manifeste la gaîté qu'il ressent de recouvrer ses droits.

Le cortège continue sa marche ; diverses publications sont faites du décret, ce refrein chéri des Français (*Aux armes, citoyens*) fait retentir les échos républicains de nos montagnes. Arrivé sur la place de l'égalité, où un bûcher est élevé ; on y jette les emblêmes de la royauté et de l'anarchie, et ils sont bientôt dévorés par les flammes ; on danse autour du bûcher, au son de la musique : on jure sur les cendres de ces vils emblêmes, haine implacable aux tyrans, aux buveurs de sang, et attachement inviolable à la Convention et aux Lois.

Cette cérémonie faite, le cortège continue sa marche jusqu'en avant de la maison commune ; là, divers couplets de chansons patriotiques et analogues à la circonstance, sont chantés, les cris de *vive la République, vive la Convention nationale* ! se font entendre avec plus d'ardeur, et un roulement de caisse annonce la fin de la cérémonie.

Un banquet civique fut donné à la maison commune où assistèrent les Représentans du peuple et les mis hors de la loi réintégrés ; la gaîté y fut semblable à celle dont jouissent les matelots qui arrivent heureusement au port, après avoir sauvé leur équipage de la tempête et du naufrage.

Divers banquets particuliers se formèrent aussi dans le sein de cette commune sur laquelle la faction avoit lancé les foudres du volcan ; la joie y présida et ne fut interrompue par aucune scène affligeante ; les santés de la République, de la Convention et de tous les peuples libres de l'univers furent portées avec enthousiasme. Puisse le récit de nos jouissances, confondre les assassins de notre chère patrie qui, au sein même de leurs triomphes, furent toujours lacérés par les remords.

La danse succéda aux plaisirs de Bachus, la liberté sans licence, l'égalité sans orgueil, la gaîté sans ombrage, en firent les ornemens. La vue de la beauté (1) inspira plus d'amour pour la vertu do qui elle est l'image, et celle d'Hercule (2) eût accru notre attachement pour le Sénat français qu'il représentait, s'il eût pu s'accroître.

A sept heures du soir, au centre des plaisirs, mais pour les varier de tous genres, les Représentans du Peuple qui n'échappaient aucune occasion d'électriser nos ames trop long - temps

------

(1) L'Epouse du Représentant BAILLY,
(2) Le Représentant BAILLY,

paralysées par la tyrannie , vinrent mettre le feu au bûcher qui était élevé sur la place de la liberté en signe de feu de joie ; un agréable mélange des deux sexes dansa autour la farandole au son de la musique ; des groupes rassemblés par le plaisir, et réunis par les doux liens de la fraternité s'excitaient mutuellement à la joie; nul ne se dispensa de se laisser émouvoir par un si touchant spectacle. Le philosophe quitant sa mélancolie, ouvrait son cœur à l'ivresse commune; le souvenir de l'infortune fut banni, ou du moins il ne servit qu'à rendre plus vive notre allégresse; l'illumination fut générale et se continua toute la nuit.

Ainsi se termina cette journée mémorable pour le Jura , cette journée dont le souvenir est gravé dans nos ames à côté du sentiment de la reconnoissance pour les législateurs qui nous la procurèrent ; cette journée qui n'a point été ternie par des excès déshonorans. Le Jura fier de mériter sa gloire, ne la souillera jamais par une action honteuse.

Français, en vous transmettant ce récit exact de notre conduite, dans cette flatteuse circonstance , nous pensons seconder vos désirs, et répondre au tendre intérêt que vous avez pris à notre situation; les Jurassiens, quelle que soit la calomnie qui ait cherché à les noircir à vos yeux, furent toujours vos frères , vos amis, ceux de la Liberté et de la Révolution.

Et vous, Législateurs , en tribut de notre reconnoissance , acceptez l'hommage du dévouement que nous pensons vous témoigner dans le présent récit; comptez les habitans du Jura dans le nombre de vos plus fidèles et zélés défenseurs; leur gloire ne les éblouit point, leur plus beau triomphe sera toujours de la mériter,

Vive la République une et indivisible !

Vive la Convention nationale !